농
사
의

도

The Tao of Gardening

Copyright ⓒ 2001 by Pamela Metz. All rights reserved.
Korean translation copyright ⓒ 2014 by MINDLE Publisher.
Korean translation rights arranged with Green Dragon Books through Eric Yang Agency.

이 도서의 국립중앙도서관 출판 예정 도서목록(CIP)은 서지정보유통지원시스템 홈페이지
(http://seoji.nl.go.kr)와 국가자료공동목록시스템(www.nl.go.kr/kolisnet)에서
이용하실 수 있습니다.(CIP제어번호: CIP2014019085)

The Tao of Gardening

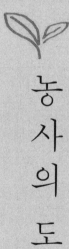

농사의 도

파멜라 메츠 풀어 씀
이현주 옮김

민들레

차례

축하합니다

"예수도 노자도 사람인데 마땅히 배움의 과정을 거치지 않았을까요? 그런데 그에 대한 정보가 두 분 모두 없으니 궁금합니다. 그분들은 과연 누구한테서 무엇을 배웠을까요?"

"사람이 사람으로 살아가는 법을 자연한테서 배우지 않았겠나?"

"자연한테서 배웠다고요? 예. 그러고 보니 두 분의 가르침 속에 자연에 관한 언급이 많이 들어있긴 합니다."

"노자께선 아예 대놓고 직접 말씀하셨지. 사람은 땅을 배우고 땅은 하늘을 배우고 하늘은 도를 배우고 도는 자연을 배운다(道法自然)고. 사람을 가르치는 스승의 스승의 스승이 곧 자연이라는 그런 말씀인 거라."

"예수께서도 공중 나는 새를 보라고, 들에 핀 백합을 보라고, 그러셨지요."

"자연이야말로 최고 스승이지."

"자연이 어째서 최고 스승입니까?"

"자연은 말이지, 자연은 사람을 가르치려 하지 않거든!"

무위당(無爲堂) 선생님이 하늘로 돌아가시기 얼마 전에 저하고 나누신 이야기를 간추려 적어 본 것입니다.

자기 죽음을 가장 잘, 그러니까 가장 자연스럽게 받아들이고 큰 고생 없이 순하게 죽어가는 사람들이 누군지, 어떤 일에 종사한 사람들인지를 미국의 한 의사가 여러 해에 걸쳐 많은 사람들을 관찰하며 조사해 보았더니, 자기가 예상했던 것과는 너무도 다르게, 목사나 신부 같은 종교인들이 아닐까 했는데, 뜻밖에도 농부들이더라는 보고서를 읽은 기억이 납니다.

예, 그건 뜻밖의 결과가 아니라, 오히려 지극히 마땅한 일이지요. 사람이 만든 경전(글)을 읽고 배운 사람들이 사람을 만든 하늘과 땅을 읽고 배운 사람들과 어찌 나란할 수 있겠습니까?

그런 뜻에서, 축하드립니다. 지금 이 책을 손에 들고 있다는 사실 하나만으로 당신은 축하받을 이유가 충분합니다. 그리고 그래서 고맙습니다.

그릇된 번역을 바로잡아 주시고 서툰 표현을 손질해 주신 민들레출판사 젊은 일꾼들께도 진심으로 감사드립니다.

2014년 6월
관옥 이현주

1

농사의 도

농사의 道는
겉으로 드러나 보이는 어떤 것이 아니다.

그렇다, 그것은 흙과 더불어 일한다.
그렇다, 그것은 만물의 시작이다.
그런데 신비로 가득 차 있다.

그것은 꽃이나 채소를 생산하는 것 이상이다.
잡초나 바위, 나무나 풀들과 함께
일하는 것 이상이다.

그런데, 이 모두가 같은 근원에서 온다.
땅이 이 모든 것을 낳는다.

땅의 이 어둠 속에
하늘의 이 밝음 속에
농사의 도를 깨우치는 길이 있다.

2

역설과 잡초

잡초가 아름답게 보일 수도 있고
꽃이 별로 예쁘게 보이지 않을 수도 있다.
어떤 작물 기르는 일을
바람직하게 보는 이도 있고
바람직하지 않게 보는 이도 있다.

좋은 것과 나쁜 것은
전체를 이루는 데
없어서 안 되는 부분들이다.
잡초는 꽃으로 피어나고
꽃은 한때 잡초였다.

그러므로 지혜로운 농부는
모든 것으로 더불어 일한다.
해야 할 일이 없을 때
아무 일 안 하기를 배운다.

자기가 농사짓는 밭이지만
그 밭이 자기보다 크다는 것을
지혜로운 농부는 알고 있다.

3

가지치기

어떤 식물을 너무 귀히 여기면
그 식물은 힘이 넘칠 것이다.
무엇을 움켜잡으면
잡은 것을 잃고 만다.

지혜로운 농부는 안다.
묘목을 기르려면
가지를 쳐야 한다는 것을.

가지들을 쳐 주어야
잘 자라서 열매를 맺는다.
삼 년 이상 해마다 가지를 치면
나무는 새 기운을 얻는다.

텅 빈 곳이 채워지고
튼실해지는 법.

잘라버림이
새 생명을 가져다준다.

4

끝없이

농사의 도는
끝이 없다.
많은 사람들이 쓰지만
바닥나지 않는다.
할 수 있는 일들이 끝없이 이어진다.
밭갈기, 씨뿌리기, 거름주기,
솎아주기, 가지치기, 거둠질,
갈무리.

생명의 순환이
여기서 영원히 돌고 돈다.
지구만큼이나
오래되었다.

5

제철

지혜로운 농부는 좋은 것 나쁜 것
골라잡지 않는다.
농부는 모든 철들의 균형을
알고 있다.

道 안에서 농사짓기는
퇴비를 잘 만들어 쓰는 것과 같다.
유기질로 만든 퇴비는
한 철에 한 가지 목적으로 쓰이고
다른 철에는 또 다른 목적으로 쓰인다.

저마다 제철이 있는 법.
네 몸을 철들에
맞추면서 살아라.
균형 있는 삶을
살게 되리라.

6

어머니 땅

어머니 땅은
텅 빈 공간으로 가득 차 있으면서
또한 생명으로 가득 차 있는
道와 같다.
많은 세계들이
어머니 어깨 위에 지워져 있다.

우리는 언제나
어머니 땅에 서 있다.
어머니는 우리와 함께 있으면서
언제나 우리에게
무한한 가능성을 안겨다 준다.

우리 모두가 그분의 포근한 품에
안겨 있음을
농부들은 알고 있다.

7

생명의 순환

생명의 순환은
언제나 그렇게 돌고 돈다.
어째서 그런가.
생명의 순환은
저 자신을 위해서는
필요한 게 아무것도 없고
남들에게 저를 내어주기 때문이다.
그것은
살아 있는 모든 것들을 위한
선물이다.

지혜로운 농부는 식물이
싹 틔워 자라나기를 기다린다.
씨를 심지만
억지로 자라나게 하지 않는다.
가지를 쳐 주지만
열매를 만들어 달아 주지 않는다.

삶의 길을 걷지만
죽음을 막아서지 않는다.

삶의 순환을 제대로 깨달아 앎으로써
성숙은 이루어진다.

8

물의 소중함

물은 살아 있는 모든 것들을 살린다.
지혜로운 농부는 이를 알고 있다.

도가 그러하듯이, 물은
꽃이든 잡초든 가리지 않고
모든 식물에 생명을 준다.

삶에서처럼, 농사에서도
이 길을 좇아라.
심을 때는 여러 가지 씨앗들을 고르고
물을 줄 때는 골고루 흠뻑 주고
김맬 때는 함부로 아니 매고
가지 칠 때는 손놀림을 가벼이 하고
북돋울 때는 삼가 조심하고
거둘 때는 고마운 마음으로 거두고.

네 논밭에서 품위를 지켜

남들과 다투거나
남들과 견주지 아니함으로써
물의 소중함과
물이 생명에 베푸는 큰 선물을
네 몸으로 나타내어라.

9

너무

물을 너무 많이 주면
흘러넘친다.
연장을 너무 예리하게 벼리면
날에 이가 빠진다.
일을 너무 열심히 하면
근육에 쥐가 난다.
거름을 너무 걸게 주면
식물이 죽는 수가 있다.
남들의 칭찬에 매달리면
자기 안의 기쁨을 잊게 된다.

네 논밭에서 네 할 일을 하고
그리고, 쉬어라.
그것이 평화로 가는 길이다.

10
제 몫의 보상

네가 왜 농사를 짓고
살아 있는 것들을 왜 돌보는지
기억할 수 있는가?
네 가슴을 보드라운 새싹처럼
열어둘 수 있는가?
꽃들이 비록 잡초에 묻혀 있어도
알아볼 수 있는가?
철들이 철따라 오고 가도록
놓아둘 수 있는가?
네가 논밭을 돌보듯이 논밭 또한
너를 돌보고 있음을 느낄 수 있는가?

파종과 재배, 추수하기.
주기, 받기, 쉬기.
이들을 억지로 아니하고
저절로 되는 대로 할 수가 있다.
논밭을 잘 보살피면 그 보상을 받는다.

11
있는 것과 없는 것

옹기는 비어 있지만,
진흙으로 가득 채운 비어 있음이다.
옹기는 진흙이 숨을 쉴 수 있도록
구멍이 나 있다.

성긴 격자로 시렁을 엎으면
포도나무 줄기가 그 빈틈을 채운다.

관은 속이 텅 비어
물을 흐르게 한다.

묵정밭은 다시 경작될 날을
기다리며 누워 있다.

우리는 있는 것을 생각하지만
없는 것에 의존한다.

12

논밭의 색

논밭은 색(色)들로 가득 차 있다.
온갖 맛,
온갖 소리,
온갖 감촉,
생명으로
우리 감각은 늘 에워싸여 있다.

농부는 논밭을 살펴보고
처음 계획에 유념한다.
철들이 번갈아
오고 감을 그는 잘 알고 있다.
자기를 활짝 열어 놓고서
이 모든 것을 즐긴다.

13

돌보는 사람

무엇이 가장 좋은 논밭을 만드는가?
논밭이 실패할 수 있는가?

네 논밭이 좋은 논밭인지 아닌지
그것을 걱정한다면
가능성의 세계를 놓치는 것이다.
네 논밭을 든든하게 딛고
거기서 펼쳐지는 기적들을 보아라.

자신을 네 논밭에 내어주고
그 모든 아름다움을 신뢰하여라.
논밭을 돌볼 때, 너는
세계의 한 부분을 돌보는 것이다.

14
엮음

농사일에는
들리지도 보이지도 잡히지도 않는
신비스런 그 무엇이 있다.

땅 위에 서서 우리는
우리의 상상을 넘어
세계와 자신을 엮는다.

농사일에는 시작도
마침도 없다.
흰 눈이 땅을 덮어도
농사일은 계속된다.
우리는 철들의 부분이 되어
일 년 삼백 예순 닷새, 끊임없이
자신을 세계에 엮는다.

15
옛날 농부들

씨앗의 힘을 발견한 추수꾼들이
우리를 위하여 가능성들을
한 곳에 모아 두었다.
옛날, 농부들의 논밭 둘레에
집들이 서고 마을이 섰다.

쉬고 있는 땅의 생명력을 믿는 데
참을성이 필요했다.
너는 네 인생에서
이 참을성을 기르고 있는가?

지혜로운 농부는
씨를 뿌리고 나서
수확을 기다릴 줄 안다.
추수할 때가 되면
눈앞에 와 있는 것들에 감사한다.

16
그 사이에

네 논밭에서 자신을 열어놓으면
평안해질 것이다.
영감(靈感)은
뜻밖의 길로 온다.

우리 모두는 저마다
전체의 한 부분이다.
돌고 도는 우주를 되비추는
거울이다.

만물의 생명주기를 이해하여
道의 운행에 자기를 열어 놓고서
시작과 끝과
그 사이에 있는 모든 것을
우리는 알아차린다.

17

지혜로운 농부

지혜로운 농부는 논밭에 자라는 것들을
억지로 키우지 않는다.
때로는 사람들이
그가 있는 줄도 모른다.

지나치게 열심히
농사에 억지를 부리는 농부는
논밭을 망칠 수 있다.

일할 때 일하다가
물러설 때 물러서는 농부는
논밭으로 하여금
스스로 논밭이 되게 한다.

18
균형

물이 너무 적으면
식물이 말라 죽는다.
물이 너무 많으면
씨앗들이 떠내려간다.
햇빛이 너무 많아도
그늘이 너무 많아도
식물은 제 약속을 지키지 못한다.

지혜로운 농부는
이를 유념하여
균형 있게
농사일을 한다.

19

단순함

너무 많은 연장들은
헛간을 어지럽게 채울 수 있다.
너무 많이 심어 놓으면
자랄 만큼 자라지 못할 수 있다.
너무 깊게 땅을 파면
식물들을 묻어버릴 수 있다.

논밭에서 단순하게 일하는 것이
자연스런 성장과
농부의 평안함을 일궈낸다.

20
농부와 농부 아닌 사람들

농부는
춥고 눈 내리는 겨울철에도
언제나 논밭을 생각한다.

농부 아닌 사람들은
햇볕 따뜻한 봄철에도
논밭 생각을 않는다.

농부는 영농잡지를 보고
종자와 묘목들을 자세히 살피면서
파종을 꿈꾼다.

농부 아닌 사람들은
텔레비전을 보고
이리저리 걸어 다니면서
다른 것들을 꿈꾼다.

농부는
농부 아닌 사람들과 다르다.
농부들은 농부와
농부 아닌 사람들 모두를 위하여
땅을 아름답게 가꾼다.

21
넉넉한 논밭

道와 더불어 하나된
농부는
일하면서 에너지를 만들어 낸다.

어떻게 그럴 수 있는가?
道와 하나 되면, 자유를 얻어
새로운 농사를 새로운 방식으로
지을 수 있기 때문이다.

농부는 도를
움켜잡지 않는다. 그래서
도 안에 머무른다.

그러기에 그의 논밭에는
필요한 것들이
넉넉하게 갖추어져 있다.

22

논밭에 있는 도

길은 우리들 저마다 안에 있다.
균형은, 균형을 잃음에서 오는 것.

농부는 논밭에 道가 있을 때
평안하다.
논밭에서 자기 일을 하는 것으로
모범이 된다.
저를 스스로 알아주지 않아서
남들이 그를 알아준다.
순리를 좇아 농사를 짓기 때문에
그의 논밭은 늘 풍성하다.

자기 자신이 됨으로써, 농부는
논밭에서 道를 즐기고
스스로 道를 즐긴다.

23
준비

농사의 도는 준비를 갖춘다.
너 자신을 알고
흙을 알고
기후를 알고
종자를 알고
네 꿈을 알고
그리고 이 모든 것들을
언제 어떻게 하나로 묶을 것인지
그 때와 방법을 알라.

이 모든 것들에
자기를 활짝 열어 놓은 농부는
도의 한 부분이다.

준비를 갖추지 못한 농부는
농사의 도로 이룰 수 있는 것들을
잃게 될 것이다.

준비를 두루 갖추었거든
자연의 순환을 믿고 의지하여라.
네 논밭이 자라날 것이다.

24
바닥에 몸을 낮추어

땅바닥에 무릎 꿇을 때
농부는 안심한다.
너무 빨리 하고
너무 일쩍 심으면
식물이 위태롭게 된다.
추수만 생각하면
아무것도 기르지 못한다.

네 논밭 바닥에 몸을 낮추어
한발 한발 살피면서 걸어라.
그렇게 하고는
놓아 버려라.
추수 때가 다가오고 있다.

25
경작 이전

경작 이전에, 식물들은 절로 자랐다.
농사 이전에, 모든 것은 우연에 맡겨졌다.

씨뿌리는 법과
거두는 법을 사람들이 알아냈을 때
땅의 얼굴이 바뀌었다.

문명은 경작으로 비롯된다.

道는, 농사의 역사를
관통하여 흐르면서
모든 것을 가능케 한다.

26
집 안

논밭은 만물의 집.
땅을 사랑하는 사람들은
집 안에 있듯이
논밭에서 마음놓고 지낼 수 있다.

다양한 모양과 색깔들
먹을거리를 생산하면서
농부는 집을 떠나지 않고
세계를 경험한다.

네가 만일
논밭을 떠나 멀리 간다면
성숙의 회로(回路)에 닿지 못할 것이다.
처음에 왜 시작했는지
그 이유를 망각하고
집에 돌아와서는
거기 아무도 없음을 보게 될 것이다.

27

착한 농부

착한 농부는 자기를 열어 놓고 사는데
자신의 미숙함을 스스로 안다.
착한 설계사는
앞에서 이끌어 주는 사람을 잘 따른다.
착한 농부는 선입견에 사로잡혀 있지 않고
가능한 일들을 두루 실험해 본다.

착한 농부는 아는 것들을
남에게 나눠 주고
묘목이나 종자도 나눠 주고
나중에 쓸 퇴비를 장만하면서
도무지 버리는 게 없다.

착한 농부 되는 비결이
따로 있는 게 아니다.
모든 자원을 슬기롭게 활용하면
착한 농부 될 자격이 있다.

28
꽃가루받이

농사에는 암과 수
둘 다 필요하다.
道는 이를 알고
만물의 균형 안에 자리 잡는다.

아름다움과 넉넉함을 바라되
벌과 나비들이 하는 일을 알고 있어라.
균형을 유지함으로써 너 또한,
만물의 자연스런 균형에 한몫 하는 것이다.

농사일을 하는 동안
그 일이 세계의 한 부분임을 알고 있어라.
너 있는 곳에 질서와 생명을 불어넣어라.
그리함으로써, 너는
道의 정신을 몸으로 살고
살아 움직이는 조화를
함께 만들어 낸다.

29
모든 일에 때가 있다

너는 네 논밭에서
세상을 알게 된다.

세계는 신비롭고
그 신비로움은
끝내 밝혀지지 않을 것이다.
그 성스런 원에 머물며
생명의 기적을 감상하여라.

논밭에서는, 모든 일에
때가 있느니.

일할 때가 있고
쉴 때가 있고
심을 때가 있고
거둘 때가 있고
물 줄 때가 있고

볕에 말릴 때가 있고
자를 때가 있고
접붙일 때가 있고
캄캄할 때가 있고
환할 때가 있고
자랄 때가 있고
죽을 때가 있다.

농부는 이 모든 것을 알고
그 과정을 바꾸려 하지 않는다.
충분한 시간이
전혀 없을 것 같은 때에도
농부는 모든 일에
충분한 시간이 있음을 알고 있다.

30
자연의 힘

道와 더불어 논밭에서 일함은
자연의 힘을 이해한다는 것이다.
마음 모으기를 배우는 것은
날씨를 지켜보고
거기에 따라 움직이는 것이다.

농부는 최선을 다하고
그리고, 기다린다.
자기 힘으로 어찌할 수 없는 일들이
많이 있음을 알고 있다.

자연의 힘을 지배하려 애쓰는 것은
道와 더불어 일하는 자세가 아니다.
농부는 이를 알기에
억지를 부리지 않는다.
자기 자신을 믿고 의지하기에
언제나 자유롭다.

자연이 주는 힘으로 일을 하기에
그의 논밭은
道와 조화를 이룬다.

31
농기구들

논밭을 일구려면
농기구들이 있어야 한다.

우선 필요한 농기구는
농부의 가슴과 손,
전망과 희망이다.
이것들을 가지고
성숙의 터를 닦는다.

삽과 괭이,
갈퀴와 호미,
이런 것들로 씨도 심고
거름도 낸다.

호스와 물뿌리개로는
값진 물을 공급하여
식물들을 자라게 한다.

낫과 톱으로
낡은 것들을 잘라내어
새 것을 키운다.

동정심과 희망을 가슴에 품고
농부는 논밭으로 나가
이 모든 필요한 도구들을 써서
아름다움을 빚어낸다.

32

보이지 않는 에너지

도는 보이지 않는 에너지,
작으면서 큰,
그것은 신비로 남는다.

모든 사람이 세계를
논밭으로 볼 수 있다면
우리는 평화로운 환경을 금세
만들 수 있을 것이다.
이 행성의 농부가 될 수 있을 것이다.

우리네 삶에서
일과 놀이가 균형을 이룬다면,
우리가 만일
시작할 때와 그칠 때를 안다면,
우리는 이 보이지 않는 에너지를
쓰고 있는 것이다.

조각들은 저마다
커다란 전체의 한 부분이다.

33

앎과 부

논밭에 대하여 아는 것은
도움이 된다.
너 자신을 아는 것 또한
중요한 일이다.
흙과 더불어 일하는 것은
네 길의 한 부분이다.
너 자신으로 일하는 것은
부(富)의 한 모습이다.

스스로 충분함을 아는
지혜가 너에게 있다면
너는 큰 부를 지닌 것이다.
모든 것에 끝이 있음을 이해할 때
네 혼은 자유롭다.

34
기적

道는 살아 있는 것들이 일으키는
기적의 바탕이다.
모든 것이 道에 연결되어 있으나
그 연결고리는 보이지 않는다.

농사는 우리에게
살아 있는 모든 것들이 서로
연결되어 있음을 깨우쳐 준다.
우리는 땅이 낳아 주는
생명체들을 먹고 살면서도
땅 돌보는 일을 망각한다.

우리가 균형 있는 삶을 유지하고
자신이 땅에 연결되어 있음을
기억하는 한,
기적은 이어진다.

35

날마다 그날의 도

논밭에서는 날마다 그날의 道가
우리로 하여금 이 세상에 존재토록 해준다.
흙 바닥 위에 설 때
우리의 삶은 道 바닥 위에 선다.

道는 눈에 보이지 않는다.
그래서 사람들은
그 생김새를 궁금해한다.
道는 귀에 들리지 않는다.
그래서 사람들은 그 침묵을 궁금하게 여긴다.

道는 아무리 써도 바닥나지 않는다.
그래서 언제든지 쓸 수 있다.
날마다 그날의 道를 행한다 함은
있는 것이 무엇이고
없는 것이 무엇인지를
안다는 뜻이다.

36
가을걷이

무엇을 자르려면
먼저 그것을 자라게 두어야 한다.
무엇을 거두어들이려면
먼저 그것을 심어야 한다.
이것이, 논밭에서
일이 이루어지는 방식이다.

부드러운 식물이 단단한 흙에서 자란다.
더디게 자라는 식물이
빨리 자라는 식물보다
크게 될 수 있다.
논밭에서 하는 일은
신비를 드러내는 일이다.
어쨌거나, 가을걷이는 온다.

37
만족

논밭에서 도는
아무 일도 하지 않는다.
그러나 모든 일이
도 안에서 이루어진다.

빛과 어둠,
해와 달의 자연스런 순환을 따르면서
사람들은
삶의 단순함을 경험한다.
이를 알 때, 농부들은
도 안에 중심을 잡을 수 있다.
그럴 때,
만족감이 느껴진다.

사람들은 만족할 때,
그들의 가슴은 가득 차 있다.

38
농사의 힘

지혜로운 농부는
농사 안에 있는 힘을 실현한다.
노력하지 않는데
이 진리를 알고 있다.

성장의 조건들을 만드는 데는
좋은 판단이 요구된다.
거름을 만들려면
버려진 것들을 활용한다.
흙과 시간에 일을 맡기고
내버려둬야 할 때가 있다.

농사를 지을 때에는
부분만 보지 말고
전체를 보아라.
나무와 함께
씨앗도 보아라.

언제나 깨어 있음으로써
농부는 마침내 열매를 거둔다.

39
명상

도 안에서 농사를 지을 때
농부는 세계의 중심에 선다.
그의 논밭에 평화가 있다.
땅, 하늘, 물 그리고 식물들이
명상의 장소를 마련해 준다.

너무나 많은 간섭들로
이 조화가 어지럽혀진다.
식물들은 죽고, 땅은 무너지고,
논밭은 평화를 잃어버린다.

그것들이 본디 그런 것임을
알고 있는 농부는
과정의 중요성을 이해한다.
그리하여
움직이는 가운데 명상을 수련한다.
논밭의 모양을 만드는 동안

농부 또한 모양지워져
전체의 한 부분이 된다.

40

할 일과 하지 않을 일

농사에는
할 일도 있고 하지 않을 일도 있다.

땅이 근원이다.
모든 농사일이 거기서 온다.

41
겸손

온갖 성향의 사람들에 의하여
농사일이 이루어진다.
누구는 진지하고
누구는 장난기가 있고
누구는 잘 기억하고
누구는 잊어버린다.

우리 일에 모순이 있음을
기억하는 것이 중요하다.
오래 묵힌 땅은
소망이 없어 보이고
물은 홍수와 함께
가뭄도 만든다.
잡초 또한 식물이며
태양과 어둠이
열매를 익힌다.
주검에서 생명이 나오고,

벌레들은 돕기도 하고
해치기도 한다.
지나치게 무성하면
논밭이 무너질 수 있고
지나치게 노력하면
우리 꿈이 깨어질 수 있다.

농사의 도는 눈에 보이지 않는다.
그래도,
그래서 농부는 겸손할 줄 안다.

42

재생산

사물이 존재하는 방식을 우리는
어떻게 이해하는가.
하나에서 비롯하여
다른 것들이 만들어진다.

나뭇가지들을 잘라서 나누고
씨앗들을 갈무리하고
뿌리들을 퍼지게 함으로써
재생산은 이루어진다.
식물들을 나누어 남들에게 건네주는 것이
농사짓는 즐거움 가운데 하나다.

모든 것이 道에서 온다.
번식도 道에서 온다.
살아 있는 것들의 재생산이
논밭에 조화를 이루고
세상 모든 것을 만들어 낸다.

43

침묵

논밭에서는
말이 행동에 길을 내어준다.
일은 행위에서 온다.
침묵이
바람과 새들과
벌레들과 나무들의 소리로
가득 차 있다.

일하는 농부는
말 없이 가르친다.
이것이 道의 방식이다.

44
행복

무엇이 논밭에서 너를 기쁘게 하는가?
파종과 추수, 어느 것이 먼저인가?
계획을 세우고 풀을 뽑는데,
그것들이 반드시 필요한 일인가?

남들이 어찌 생각하고 있는가에만
마음을 쓰면
너 자신의 생각을 알기 어렵다.
네 기쁨을 오직
추수에만 두면
농사일을 두 번 다시 못할 수 있다.

너한테 아직 없는 것 대신
지금 있는 것에서
행복을 누릴 때,
네 앞에
온갖 가능성이 펼쳐진다.

45
계획

계획은 환상처럼 온다.
모든 일이 가능하다.
완성은 매력적이다.
그러나, 과연 참으로 바람직한 것일까?

계획이 현실로 될 때,
새 생명이 만들어진다.
계획과 현실은 서로 연결되어 있지만
같은 것 또한 아니다.

농부는 계획을 세우고, 그런 다음
계획에서 오는 새 생명을 알아본다.
일을 시작하고는 놓아 버린다.
그렇게, 논밭으로 하여금
제 모양을 갖추며 자라게 한다.

46

위험 무릅쓰기

도의 방식을 좇아서
논밭을 일구는 것은
그 길에서,
위험을 감수하는 것이다.

실험을 두려워 말아라.
연약한 나무를 심어라.
외래종 꽃씨를 뿌려라.
낯선 채소를 길러라.
알려져 있지 않은 것을 마주함이
인생에 좋은 교훈이 된다.

미래를 겁내지 않는 데
기쁨이 있다.

47
기다림

논밭에서 일할 때, 너는
세계와 접촉하고 있는 것이다.
땅에서 하는 노동이
너를 모든 사람에 연결지어 준다.

네가 알고 있는 것이
언제나 옹글지 못한 지식이요,
네 이해라는 것이
본디 모호한 것이며,
기다림에 시간이 필요함을
너는 발견한다.

농부는
시간과 공간 속을 여행하며
다른 모든 농부들과 더불어
직물(織物)을 짠다.

48

도를 깨우침

정보를 수집하면
아는 것이 많아진다.
책도 읽고 강의도 듣고
다른 사람들을 찾아가기도 하고
그래서 아는 것이 더욱 많아진다.

농사의 도에서는
놓아 버리는 것이 중요하다.
어떤 것들을 놓아 버림으로써
우리는 더욱 맑아진다.

만물이 저마다
제 길을 가고 있다는 진실을
깨달음으로써
도를 깨우치게 된다.
너무 많이 간섭하면
논밭에 장애물을 늘어놓는 것이다.

49

만물을 돌봄

만물을 돌보는 농부가
참된 농부다.

땅에서 청지기가 되고
남들에게 목자가 되고
만물을 위해
건강한 환경을 짓는 사람이 된다.

만물이 서로 연결되어 있음을
신뢰하도록 도와주고
아직 깨닫지 못한 사람들을
참고 기다려 준다.

이토록 지극한 돌봄을
사람들은 언제나 몰라본다.
농부는 이를 알고,
계속하여 만물을 돌봐준다.

50
마음껏 쏟아 붓기

농사일에 자기를 쏟을 때
농부는 그것이
만물이 가는 길임을 알게 된다.

옹글게 참여함으로써
그는 자기 또한,
삶과 죽음의 흐름 가운데
한 부분임을 깨닫는다.

이 깨달음으로 농부는
노동과 휴식
파종과 수확에,
그것들의 순환이 완성되기까지
자신의 에너지를
마음껏 쏟아 붓는다.
그리하여,
다시 시작할 준비를 갖춘다.

51

자연 사랑

논밭에서는
모든 것이 도의 부분이다.
자연에 대한 사랑이
농부를 그의 일터에서 안내한다.

이 사랑이,
심고 뿌리고
자르고 접목하는
모든 일의 바탕을 이룬다.
사랑으로
모든 것을 기르고 보호하고
물도 주고 거름도 준다.
자연을 신뢰함이
논밭을 일구게 하고,
자연을 사랑함이
도를 깨달아 알게 한다.

52

가보의 씨앗

역사가 오늘을 앞장선다.
가보(家寶)의 씨앗이
살아남아서
과거를 미래로 옮겨준다.

근본은 언제나 분명치 않다.
열매를 맛볼 때
네가 경험하는 것은 열매의
맛, 색깔, 크기, 감촉 따위들이다.

낡은 것이 새 것을 낳고
새 것은
미래를 위한 씨앗이 된다.

가보들을 잘 간수하여라.
시간을 초월하는 것들이다.

53
논밭이 사라질 때

농사를 지으면서 道를 좇는 것은
명백하고 단순한 일이다.
그런데도 사람들은 잃어버린다.

너와 논밭 사이에
균형을 유지하여라.
네가 道를 알게 될 것이다.

균형을 잃으면
땅이 잊혀진다.
빌딩과 주차장에
자리를 내어주고
논밭이 사라질 때,
사람들은 道와 함께
자기 자신을 더 이상 보지 못한다.

54
영감

道에 영감을 받아 살면
네 뿌리가 깊게 뻗을 것이다.
도를 가까이 할 때
네 논밭이 번창할 것이다.

道를 중심에 모실 때 농부는
신뢰와 믿음과
지혜의 화신이 된다.

그의 논밭은 잘 자라나
남들에게 보여줄 모범이 되고,
조화롭게 가꿔진 논밭은
지구 행성을 위한
가능성이 된다.

영감(靈感)을 따라 살아라.
네 논밭이 너를 따를 것이다.

55
어린 묘목

네 논밭이 도 안에 있을 때
어린 묘목처럼 나긋나긋 부드럽다.
여리지만, 그래도
내일을 향한 약속을 품고 있다.
거리낌 없이 햇빛을 받고
빗물에 온몸을 적신다.
그렇게 영양을 먹고 자라나
나무가 되고
수풀이 되고, 드디어
꿈이 된다.

이 모든 신비를 받아들일 때
농부는 실망하지 않는다.
어린 묘목의 잠재력을 믿는
믿음으로, 그는
변화를 경외한다.

56
끈기

어떤 농부들은
말이 없다.
알면서도
말하지 않는다.

논밭에서는 끈기가 요구된다.
너무 많아도
너무 적어도
문제를 일으킬 수 있다.

道는 끈기다.
억지를 부리지도 않고
움켜잡지도 않고
무엇을 간절히 바라지도 않는다.
한없이 자기를 내어주기에
그래서 끝없이 이어진다.

57

날마다 펼쳐지는 신비

논밭에서, 너는
道를 배울 수 있다.
너무 심하게 다스리면
반발이 일어난다.
다스리려고 애쓸수록, 그만큼
덜 다스려진다.
네가 쉴수록, 그만큼
보상이 커진다.

이를 알기에,
지혜로운 농부는 말한다.
내가 과정을 믿으니
식물들이 스스로 자란다.
내가 날씨 걱정을 하지 않으니
날씨가 알아서 바뀐다.
내가 논밭을 잊고 살아가니
날마다 놀라운 일이 벌어진다.

내 힘으로 어쩔 수 없는 것들이
많이 있음을 기억하고,
그저 날마다 펼쳐지는
신비를 즐길 따름이다.

58
본보기

논밭이 평화로이 가꾸어질 때
이웃은 그 변화를 눈여겨본다.
논밭이 방치될 때에도
역시 이웃은 지켜본다.

농부가 미처 모른다 해도
그의 논밭 구석구석
남들에게 본보기가 된다.

농부의 방식을 눈여겨보고서
다른 농부들이
자기 논밭에서 평화를 일군다.

59
기름진 논밭

유기질을 잘 활용하여
농부는 흙을 기름지게 한다.

태어나고 죽고
다시 태어나는 과정을 알기에
농부는 후회를 모른다.
죽은 것들을 되돌려
새 생명을 북돋운다.

올해의 꽃들과 잎들
그리고 열매들에게
잘 가라고 말할 수 있어서
농부는
자신의 기름진 논밭으로
다음 세대를 기꺼이 맞이한다.

60

경작

논밭을 경작하는 일은
어린 아이를 사랑으로
이끌어주는 일과 같다.
지나친 괭이질은
여린 싹을 해칠 수 있다.

네 논밭이
道 안에 중심을 잡으면
그것을 일구면서
멈춰야 할 때를 알 것이다.

한 발 물러서야
여태껏 네가 한 일이 무엇이며
하지 않고 남겨둘 일이 무엇인지를
제대로 알 수 있다.

61
농부의 생애

한 농부가 자신의 일을 시작할 때,
모든 에너지가 그리로 흘러간다.
구상, 종자, 물, 퇴비
이 모두가 논밭에 집중된다.

이 수렴 안에서, 농부는
창조하는 생애를 살아간다.
실수를 저지르고,
선생들의 도움말을 듣고
새로운 것들을 발견한다.

한 농부의 생애가
道의 한 부분이 된다.
흙에서 일하는 가운데 위안을 얻는다.
뜻밖의 방식으로
보상이 이루어진다.
태양이 그의 혼을 어루만진다.

62

논밭의 중심

네가 자신을
논밭의 중심에 둘 때,
너는 우주의 중심에 있다.

논밭의 가치는
금전을 초월하고
시간을 초월한다.
道에 값을 매길 수 없듯이
논밭에도 값을 매길 수 없다.

새내기 농부를 도와주려면 그에게
道를 가르치는 일을 잊지 말아라.
그것은
흙과 씨앗과 태양을 아는 것만큼
값진 일이다.

왜 道가 그토록 중요한가?

그것은 농부의 여정(旅程)이
곧 道인 까닭이다.
잃었을 때는, 네 길을 찾아라.
잘못을 저질러도
논밭은 용서한다.
道를 찾으려면,
네 논밭의 중심에 머물러라.

63

어려움

일 없이 일하고
경계를 넘어 생각하여라.
전체를 볼 때
부분들이 제대로 보인다.
어려운 일들이 닥칠 때
그것들을 안고 일하면
논밭 전체가
그 수고의 덕을 입는다.

위대해지려고 애쓰지 않는
농부가 위대해진다.

사소한 어려움이 닥쳐도
농부는 그것에 마음을 모은다.
성가신 일이 생겨도
귀찮아하지 않는다.
그래서 어려움들이 사라진다.

64

바꿔주기

어린 묘목들은 기르기 쉽다.
푸석푸석한 흙은 갈아엎기 쉽다.
마른 작대기는 툭하면 부러진다.
작은 씨앗들은 흩어뿌리기 쉽다.

지혜로운 농부는
필요할 때 바꿔준다.
울창한 숲이 어린 묘목들에서 비롯되고
새 논밭이 흙 한 삽으로
일궈지기 시작하는 것을
그는 안다.

일을 너무 급히 서두르면
나중에 후회한다.
열매를 너무 일찍 따면
달콤한 맛을 보지 못한다.

지혜로운 농부는
만물의 자연스런 흐름을 따르기에
변화를 이해한다.
중심에 머물러
시작과 함께 끝을 본다.
무(無)에서 출발했기에
어떤 것을 잃을까봐 걱정하지 않는다.

그는 놓아버리는 법을
배워서 알고 있다.
농사의 과정을 즐기고
모든 살아 있는 것들에
자기 가슴을 내어준다.

65
평범한 논밭

옛적 농부들은
자기네가 받은 복을 알고 있었다.
그래서
거두어들인 것을
서로 나누었다.

모르는 게 없는 이들은
가르치기 어렵다.
그들이 답을 물을 때,
그때가
그들에게 길을 보여줄 때다.

그 방면에 탁월한 사람이 되고 싶거든
모르는 것에 자신을 열어 놓아라.

평범한 보통 논밭이야말로
아름다운 것이다.

이 논밭에 만족함으로써, 너는
다른 사람들로 하여금
자기네 평범한 논밭을 일구도록
용기를 불어넣는다.

66

물길

물은 아래로 흐르면서
웅덩이와 연못과
호수를 만든다.
건물 지붕들은
물의 흐름을 따라
경사져 있다.
아래로 기울어짐에
힘이 있다.

흐름 따라 흐르는 데
농사의 힘이 있다.
물길이 인도하는 곳에서, 농부는
자기 집을 발견한다.

물의 흐름을 이해함으로써, 농부는
자기 자신을 이해하게 된다.

모든 물이 바다로 돌아간다.
바다는 거기 그렇게
있는 것만으로
우리 모두를 지탱해 준다.

67

논밭의 교훈

농사와 道가 어떤 관계인지를
모르는 사람들이 있다.

가능성은 받아들이되,
그것을 자신의 농사짓기에
적용하지 않는 사람들도 있다.

자기를 성찰하는 사람들에게
이 말들은 어떤 뜻을 전한다.
농사의 道를 실천하는 사람들에게서
이 생각들은 풀처럼 자라난다.

전망과 인내와 생명 사랑에 대하여
논밭은 가르쳐준다.
전망을 가짐으로써
농부는 자신의 꿈을 실현한다.

인내와 기다림으로
자연의 길을 좇는다.
생명을 사랑함으로
생명에 기여한다.
논밭의 가르침에 자기를 열어 놓고
농부는 세계와 자신을 연결짓는다.

68
자연과 더불어 일하기

훌륭한 농부는
논밭의 도전을 존중한다.
언제나 마음속에
논밭을 담고 살아간다.
사철의 흐름을 따라서 흘러간다.

지혜로운 농부는
자연과 더불어 일할 줄 안다.
바람이나 우박이나
가뭄에 맞서 싸우지 않는다.
다른 농부들과도
경쟁하지 않는다.

그가 일하는 동안
그를 이끄는 것은, 오직
농사의 정신이다.

69
자연에 굴복함

자연은 굴복할 줄 안다.
부드러운 것은 단단한 것에
길을 내어주고,
물은 모든 것에 자신을 굽힌다.

농사를 짓자면
기다리고 지켜보는 것이
더 좋을 때가 있다.
어떨 때는 그냥 놔 버리는 것이 더 낫다.

그것은,
자연으로 하여금 제 길을 가게 하고
자연스런 방식으로
논밭을 일구는 것이기도 하다.

자연을 이해함으로써, 너는
너 자신을 이해한다.

너는 자연의 일부분이요,
네 논밭의 일부분이다.

자연의 힘 앞에서 너는
굴복함으로써 살아남는다.

70
농부의 가슴

도를 깨닫는 것은
크게 어려운 일이 아니다.
거의 모든 사람이
도를 닦을 수 있다.
어려움은
어렵다고 생각하는 마음에 있다.

이 가르침들은
오랫동안 손 닿는 곳에 있어 왔지만,
그러나 이를
깨닫는 사람은 매우 드물다.

도를 알고 싶거든
농부의 가슴 속을 들여다보라.
도가 있을 때 거기에는
조화가 있고 인내가 있고
균형과 지혜가 있다.

71

치유와 성장

네가 아무 것도 모른다는 사실을
받아들일 수 있는가?
스스로 안다고 생각할 때, 너는
더 이상 묻지 않게 된다.
치유와 성장은
모르는 것에 자신을
열어놓는 데서 온다.

지혜로운 농부는
자신의 무지(無知)를 품고
살아갈 수 있다.
그래서 그는,
계속 치유되고 계속 성장한다.
식물들은 저 자신을 치유하면서
끊임없이 자라난다.
자라나는 식물들이
농부의 정신을 치유해줄 수 있다.

72
대용품

논밭의 놀라움에는
그것들을 대신할 만한 것이 없다.
이를 경험하지 못하고, 사람들은
텔레비전과 영화에서 즐거움을 찾는다.

농부는 이를 알고
남들의 모범이 되어 준다.
말 없이 가르치며
논밭에 굳건히 서 있다.
자기가 하는 일에서
즐거움을 맛보고
그리하여, 노동은 놀이가 된다.

논밭에서 하는 자신의 일을
대신할 만한 다른 일이 없음을
그는 잘 알고 있다.

73

느긋함

자연의 道는
느긋하고 평화롭다.
모양도 말도 없이,
설계도 노력도 없이,
그것은 거듭거듭
저 자신으로 된다.

네 논밭은 우주의 한 부분이요
비록 작아도,
전체의 본질을 담고 있다.

74

무상(無常)

지혜로운 농부는
모든 것이 무상함을 안다.
그는, 모든 것을
놓아버릴 준비가 되어 있다.
끝을 두려워하지 않기에
시작을 마음껏 즐긴다.

미래가 미지(未知)인 것을
그는 알고 있다.
연장들을 손에 들고서,
온갖 가능성에 자신을
열어 놓을 준비가 되어 있다.

75
정신과 영감

논밭은 언제든지
정신과 영감의 원천으로
활용될 수 있다.
그것은 육신과 영혼에
양식을 마련해 준다.

논밭에서 이루어지는
과정을 신뢰하여라.
너 자신의 인생에서도
같은 과정이 진행됨을
보게 될 것이다.

76

유연함

유연하기를 배우는 것이
삶에서 얻는 교훈이다.
갓 태어난 나무들처럼
우리는 유연한 몸에
장래의 약속을 담고 있다.
더 이상 자라기를 멈출 때
우리는 딱딱해지고
좀처럼 굽힐 줄을 모른다.

단단하게 굳어진 것은
쉽게 부러진다.
부드럽고 연한 것은
살아남는다.
오늘 바람결에 눕는 것은
우리로 하여금
내일의 폭풍을 대비하게 하는 것이다.

77

너그러움

논밭에서, 道는
저울의 균형을 이루는 것과 같다.
한 쪽이 너무 무거우면
다른 쪽에 무게를 보태야 한다.

너무 많은 것과
너무 적은 것 사이에
균형을 이룸으로써, 道는
만물의 조화를 추구한다.

지나치게 일하는 농부는
道와 균형을 이루지 못한다.

너그러운 농부는,
그 가진 재물에 한이 없으므로
끝없이 줄 수 있다.
자신의 논밭과 균형을 이루고,

자신의 세계에서 평안을 누린다.
흙과 태양과
부드러운 빗방울의
끝없는 너그러움을
그대로 반영한다.

78

물의 기운

물의 기(氣)가
세계의 에너지를 만들어낸다.
물이 흘러서
우리는 살아간다.

부드러움과 약함이 결국은
단단함과 강함을 지탱한다.
많은 농부들이 이를 알지만
그대로 실천하지 못하고 있다.

지혜로운 농부는
가뭄이나 홍수가 들어도,
그 중심에 머물러 있다.
폭풍우 뒤에
자연이 제 길을 찾아
앞으로 나가기를,
그는 기다린다.

농사에서 진리는
여러 형태로 나타난다.

79
실수에서 배우기

논밭에서는 실수로,
종자가 물 속에 잠기거나
여린 싹이 땡볕에 타거나
거름을 너무 많이 주거나
물 주기를 잊을 수 있다.
접시꽃 그늘이 완두콩 싹을
덮어버릴 수 있다.

누구를 탓하거나 원망하는 것은
도움이 되지 않는다.

농부는 자신의 실수를 통해 배우고,
계속해서 꿈을 실현코자
앞으로 나아간다.
새로운 것을 꿈꾸며
낡은 것을 놓아버린다.

80

평화

농부가 자기 일을 즐길 때,
그는 평화롭다.
자기 손으로 하는 일에
보람을 느끼며
한눈 팔지 않는다.
집 안에 있는 것을 좋아하기에
멀리 갈 필요가 없다.
눈길을 끌 만한 오락거리가 많지만
거들떠보지 않는다.

농부는 자기 집과
논밭이 주는 쾌락을 즐긴다.
세상이 끊임없이 유혹하지만,
그는 자기 땅 작은 논밭에서
인생을 즐긴다.

81

논밭 속에 있는 도

마침은 곧
참된 시작이다.
진짜 농부는
이 길을 안다.

지혜로운 농부는
도를 껴안고, 그래서
만물을 품을 수 있다.

도는 한 발 물러섬으로써
만물을 기른다.
그러기에,
논밭의 도는
아무데도 묶이지 않고
언제나
거기 그렇게 있다.

농사의 도

—

초판 1쇄 인쇄 | 2014년 6월 25일

초판 1쇄 발행 | 2014년 6월 30일

—

글쓴이 | 파멜라 메츠

옮긴이 | 이현주

펴낸이 | 현병호

편집 | 김도경, 장희숙

사진 | 권산, 빈진향, 민들레학교

디자인 | 조인주, 김효진

펴낸곳 | 도서출판 민들레

주소 | 서울시 마포구 성산동 209-4 숲센터

전화 | 02) 322-1603

팩스 | 02) 6008-4399

이메일 | mindle98@empas.com

홈페이지 | www.mindle.org

—

ISBN 978-89-88613-54-2 03300

값은 뒤표지에 있습니다. 잘못된 책은 바꾸어 드립니다.